João Burnier

Uma vida que move Vida!

Coleção Jesuítas | Volume 17

Texto Original

Shirley de Almeida Oliveira

CB066326

Título do livro:
João Bosco Penido Burnier: uma vida que move Vida!

Autora:
Shirley de Almeida Oliveira

Grupo de trabalho:
Clara Mabeli Bezerra Baptista
Guilherme Borges Ferreira Costa
Ir. Ubiratan Oliveira Costa, SJ
Larissa Barreiros Gomes
Luan de Amorim Moreira, SJ

Diagramação e Projeto Gráfico:
Luis Thiago da Silva Silveira
Rodrigo Souza Silva

Coordenador do Programa MAGIS Brasil:
Pe. Jean Fábio Santana, SJ

Programa MAGIS Brasil
Rua Apinajés, 2033 - Sumarezinho
01258-001 São Paulo, SP
T 55 11 3862-0342
juventude@jesuitasbrasil.org.br
vocacao@jesuitasbrasil.org.br
www.facebook.com/vocacoesjesuitas
www.magisbrasil.com

Edições Loyola Jesuítas
Rua 1822, 341 - Ipiranga
04216-000 São Paulo, SP
T 55 11 3385-8500/8501 • 2063-4275
editorial@loyola.com.br
vendas@loyola.com.br
www.loyola.com.br

Todos os direitos reservados. Nenhuma parte desta obra pode ser reproduzida ou transmitida por qualquer forma e/ou quaisquer meios (eletrônico ou mecânico, incluindo fotocópia e gravação) ou arquivada em qualquer sistema ou banco de dados sem permissão escrita da Editora.

ISBN 978-65-5504-140-8

© EDIÇÕES LOYOLA, São Paulo, Brasil, 2021

Apresentação

O Programa MAGIS Brasil – Eixo Vocações – traz uma nova edição revista, atualizada e ampliada da Coleção JESUÍTAS, destinada especialmente aos jovens que estão em processo de discernimento vocacional. Este trabalho teve início com o Pe. Jonas Elias Caprini, SJ, no período em que assumiu a coordenação do Programa e o secretariado para Juventude e Vocações da Província dos Jesuítas do Brasil – BRA. Agradecemos a ele a dedicação nesta tarefa, que será continuada com o mesmo cuidado e zelo.

A Coleção JESUÍTAS apresenta a história de grandes jesuítas cujas vidas são para todos inspiração na busca contínua ao que Deus quer para cada um. Foi lançada em 1987, pela Editora Reus, contendo inicialmente sete volumes, cada um com a história de um santo jesuíta.

Verificando a necessidade de atualizar os materiais vocacionais existentes, o serviço de animação vocacional da Companhia de Jesus apresenta uma nova edição, acrescida de roteiros de oração e demais notas com escritos do próprio jesuíta, textos da Companhia de Jesus e outros comentários e provocações que ajudam a rezar em tempo de discernimento.

As biografias apresentadas nesta coleção são sinais de vidas consagradas ao serviço do Reino. Ajudam-nos a refletir a nossa própria história e a construir um caminho de santidade, guiado pelo projeto de vida à luz da fé cristã, como afirma o Papa Francisco na Exortação Apostólica *Gaudete et Exsultate*, n. 11:

Há testemunhos que são úteis para nos estimular e motivar, mas não para procurarmos copiá-los, porque isso poderia até afastar-nos do caminho, único e específico, que o Senhor predispôs para nós. Importante é que cada crente discirna o seu próprio caminho e traga à luz o melhor de si mesmo, quanto Deus colocou nele de muito pessoal (cf. 1 Cor 12, 7), e não se esgote procurando imitar algo que não foi pensado para ele.

Desejamos que essa leitura orante nos motive e nos provoque a viver também para Cristo e que o discernimento vocacional seja um contínuo proceder de todos os jovens que estão abertos para ouvir, acolher e responder os apelos do Senhor da Messe. Boa leitura e oração a todos!

Pe. Jean Fábio Santana, SJ
Secretário para Juventude e Vocações
da Província dos Jesuítas do Brasil - BRA

João Burnier

Uma vida que move Vida!

A história do Padre João Bosco Penido Burnier é a história de todo aquele e aquela que decide firmemente seguir os passos de Jesus de Nazaré. Seguimento a partir da consciência, mas também do sentir um amor tão grande, tão profundo, tão genuíno que ultrapassa a fronteira do romantismo e abraça o horizonte da graça e da misericórdia. Este amor confirmado nas palavras bíblicas da vocação de Jeremias: "Antes que você fosse dado à luz, eu o consagrei, para fazer de você profeta das nações" (Jr 1, 5). É a confirmação do amor que move. Nas suas próprias palavras, Pe. Burnier reconhece isso: "Aliás, todas as virtudes que a vida cristã exige de nós cotidianamente estão todas inseridas na haste do amor. São João Evangelista frisou com muita ênfase: 'Deus é Amor'".

É, também, a história daqueles e daquelas que se dão por inteiro e até o último suspiro para que a promessa de Cristo de vida em abundância para todos e todas se concretize e permaneça no meio da humanidade. E, de tal maneira, que nunca duvidem de que o Reino é possível e que somos nós os convidados e as convidadas a construí-lo, pelo sim ao chamado e pela Graça de Deus.

E foi este poder, o da Graça, que ajudou Pe. Bosco a dar o seu sim mais profundo. Aquele do cotidiano, das renúncias, dos aprendizados desse longo processo de tomada de consciência orante de que, "como barro nas mãos do oleiro" (Jr 18, 6), assim estamos nós nas mãos de Deus.

Para Pe. Carlos Palácio, SJ, isso fica claro quando nos diz: "os que conviveram com Padre João Bosco sabiam que ele foi sempre um homem de uma intensa vida interior, para utilizar a linguagem habitual daquela época pré-conciliar. Hoje preferiríamos falar de uma profunda experiência cristã de Deus. Cristã, porque ela só é autêntica quando toma corpo e se encarna na vida. Do contrário, poderia ser confundida com tantos tipos de busca 'espiritual', 'interior' e subjetivizante, típicos da cultura e da sociedade modernas, mas tão distantes da experiência cristã de Deus"[1].

Nesse sentido, contemplar a vida de Pe. Burnier é olhar para um testemunho concreto do desejo de

---

1 Livro "Martírio de Pe. João Bosco Penido Burnier", de autoria de Pedro Casaldáliga.

seguir a Cristo. Um itinerário que parte de um lugar de certezas, regras, passos humanamente traçados, e vai ao encontro do divino, à total entrega: "Pai, em tuas mãos eu entrego o meu espírito" (Lc 23, 46).

1. Pai

1.1 Uma inspiração para a vida

Nascido em 11 de junho de 1917, em Juiz de Fora, cidade mineira, e filho de Henrique Burnier e Maria Cândida Penido[2], João Bosco Penido Burnier é o quinto dos 9 filhos da família. Os demais eram Henrique José, Maria, Miguel, Maria Antônia, Antônio, Maria Cândida, Vicente de Paulo e Olga Maria.

Seu nome foi escolhido por uma

> João Burnier, esquerda, aos 10 anos, com seu irmão Antônio, apelidado como Tonico, em 1928. Imagem do livro "O sangue pela Justiça".

---

2 Livro "O Sangue pela Justiça: Pe. João Bosco Penido Burnier", de autoria de Pe. José Coelho de Souza, SJ.

promessa. Sua mãe, que era parente próxima de seu pai, querendo proteger a saúde de seu filho que estava para nascer, prometeu ao fundador dos salesianos[3] (ainda não canonizado) que, caso seu filho não nascesse com deficiência (alguns dos primeiros tinham nascido surdos), colocaria o nome de João Bosco. E assim foi batizado em 17 de junho de 1917.

Daí já se percebe a família fervorosa em que nascia Padre Burnier. Foi no seio familiar que a semente da vocação religiosa foi sendo gerada, com grande influência de seu pai, que era um homem de fé e caridade. Nas suas anotações, Padre Burnier nos conta: "certa vez acordei tarde, papai já tinha saído para a missa e me pus a chorar, porque ele não me tinha esperado, nem me tinha despertado para irmos juntos como costumava (...) lembro-me também de uma visita com papai à capela de Santa Rita"[4].

1.2 Educação na fé

"O doutor Henrique era vicentino atuante e empreendedor, dirigiu por muitos anos, com zelo e efi-

---

3 João Melchior Bosco, mais conhecido como Dom Bosco.
4 Livro "O Sangue pela Justiça: Pe. João Bosco Penido Burnier", de autoria de Pe. José Coelho de Souza, SJ.

ciência, a sociedade de São Vicente de Paulo sediada na paróquia de Santo Antônio. Esse era também pontual e assíduo na visita semanal aos pobres que lhe eram confiados... o nosso João Bosco herdou do pai o cuidado e o interesse pelos pobres e necessitados... o fervoroso católico vicentino assistia à missa diariamente, na qual comungava quase sempre e levava companheiro o pequeno Bosco, que já nesse tempo demonstrava uma piedade angélica"[5].

Essa semente da vocação religiosa, então, foi brotando ao longo da sua trajetória familiar e sendo reconhecida mais à frente pelos demais colegas, como conta o Padre Sebastião Brum de Paula Rego, companheiro de Bosco no período de formação clerical:

"João Bosco Penido Burnier foi o aluno mais completo que passou pelo Seminário Menor de São José do Rio Comprido, já nos primeiros dias de seminário era um seminarista bem maduro, mostrando a grande bagagem que trazia do seio da distinta família Burnier. Era de piedade bem esclarecida, exímio devoto do Santíssimo Sacramento, a quem nunca deixava de receber em comunhão e visitar no sacrário"[6].

---

5 Ibid.
6 Ibid.

1.3 Laços que se mantêm

Ao longo de sua trajetória, Padre João Bosco nunca deixou de reconhecer, agradecer e buscar estar próximo da família que tanto contribuiu para sua vocação. As cartas, que o faziam estar mais próximo, às vezes demoravam, é verdade, mas, porque eram escritas nos tempos "livres" da missão. À Maria, sua irmã, a 20 de junho de 1976, escreve: "agora vou pedir um favor. Embora não possa manter relações com todos os parentes (pois são tantos), gostaria muito de acompanhá-los no pensamento da amizade, nas orações. Se for possível, veja se me envia um caderno ou caderneta com os nomes de todos os sobrinhos e seus filhos. Já não sei de memória com segurança os nomes deles". "Queria estar a par do estado dos tios e tias mais velhos pelos quais mostra interesse e gratidão"[7].

"Essa solicitude em escrever aos parentes se tornava mais explícita por ocasião de um acontecimento notável na vida de cada um, como noivado e um casamen-

---

7 *Ibid.*

to"[8], conta Padre José Coelho, SJ em seu livro.

"Guardou sempre uma lembrança muito comovente do pai a quem o conhecera e que perdera na idade de cinco anos incompletos. Em carta de 27 de outubro de 1974, escreveu à sua irmã Maria: 'o dia de hoje me trouxe à memória a figura querida do nosso papai, que perdemos tão cedo, mas que, através dos testemunhos dos parentes, nos acostumamos a venerar como a de uma pessoa santa, dedicada aos pobres e aos humildes. Não basta elogiar o nosso Papai: temos que louvá-lo seguindo seus exemplos, principalmente, de bondade e dedicação ao próximo. Será que aí em Juiz de Fora alguém já pensou em celebrar o centenário no próximo ano? Este pensamento não me vem como ato de vanglória ou de exibição, mas como um ato de apostolado, seguindo aquilo do Evangelho: 'Que vejam as nossas boas obras e glorifiquem o nosso Pai que está nos céus'"[9].

E segue ainda relembrando seu pai em outra carta: "Devemos muitas ações de graças a Deus por termos tido um Papai tão santo, tão bondoso e tão

---

8   Ibid.
9   Ibid.

zeloso e amigo dos pobres"[10].

Aos seus irmãos que também se tornaram sacerdotes, Vicente e Antônio (Frei Martinho), tem amizade verdadeira, que pode ser vista na sua animação ao desejar celebrar os 25 anos da ordenação do Pe. Vicente. "Escreve à irmã a 2 de agosto de 1976, uma de suas últimas cartas, 'faço questão de estar presente, demonstrando ao nosso irmão a profunda amizade que lhe dedico e admiração sem limites que tenho para com o sacerdócio dele, tão marcado nestes 25 anos por um zelo constante, esclarecido, devotado, penetrado de autêntica Piedade'.

E o Padre João Bosco pôde comemorar com seu irmão as bodas de prata de ordenação sacerdotal na última vez que veio a Juiz de Fora, poucos dias antes de sua morte por Cristo"[11].

---

10 Ibid.
11 Ibid.

Momento de Oração

Contemplativos na ação: O amor que nos envolve antes do primeiro instante.

O sim ao chamado de Deus é, antes de tudo, o ardor que brota no nosso coração diante de um amor que nos busca desde sempre. A partir, então, dessa busca, da nossa abertura e, finalmente, desse encontro inesquecível, é gerada em nós uma série de processos: reconhecimento da nossa história, do amor que nos permeia, dos nossos limites e potencialidades e, principalmente, da constante metamorfose que somos chamados e chamadas para viver no desejo de melhor servir ao Reino, lapidando nossa vocação. Assim viveu Pe. Burnier e assim, também nós, somos chamados e chamadas a viver.

Pedido de Graça: *Senhor, dai-me coragem para, com ânimo e generosidade, seguir a minha vocação.*

Texto Bíblico: *Jeremias 1, 4-10.*

Provocações:

- *Sinto o amor de Deus a partir da minha família? De que modo?*
- *Eu me sinto inseguro diante do chamado de Deus?*
- *O que sinto que tenho de demolir e destruir para construir e plantar na minha vida, a fim de seguir ao chamado de ser profeta do Reino?*

2. Filho

2.1 O primeiro chamado

Assim, João Bosco, ainda menino no meio de sua família, já sente o chamado especial como Filho amado de Deus. Sua família foi a primeira centelha para o sacerdócio. E demonstra isso já no cotidiano. Para ilustrar tal fato, sua prima Sílvia Maria Penido conta: "Em ocasião da primeira comunhão dos três irmãos mais velhos, Henrique convidou o bispo para vir oficiar a cerimônia. Na véspera houve o ensaio da cerimônia e o bispo chamou João Bosco para receber a hóstia. Qual não foi o espanto geral quando Bosco saiu correndo chorando, porque a hóstia não era papai do céu, não tinha sido consagrada. O Bosco tinha então 4 anos. Sua piedade era grande e grande o desejo de receber Jesus. Todas as manhãs acompanhava o pai que ia assistir a Santa Missa. Tanto era o seu desejo que no ano seguinte, aos cinco anos, fez a Primeira Comunhão. (...) Os brinquedos preferidos do Bosco eram as procissões e a celebração da Santa Missa. Suas irmãs Maria e Totó tinham feito para ele paramentos de papel e as hóstias eram pastilhas de hortelã e às vezes Maria cortava no miolo de pão umas rodelas em forma de hóstia. Sempre era ele o padre e as outras crianças coroinhas e fiéis"[12].

2.2 Um amor que não podia esperar para ser correspondido

Dessa maneira, João logo quis avançar nessa intimidade com Deus através de sua vocação e aos 11 anos de idade (em 1928) recebeu a permissão para ir ao seminário. Assim conta ainda sua prima: "Seu desejo era ser sacerdote e desejava entrar para o seminário, porém não tinha idade suficiente e pediu licença ao cardeal Dom Sebastião Leme. Concedida a licença, Bosco

João Bosco no Seminário Menor, em Paquetá, com sua mãe (julho de 1929). Imagem do livro "O sangue pela Justiça".

---
12 Ibid.

foi para Paquetá, onde estava o seminário. Mais tarde o seminário transferiu-se para o Rio Comprido. Como desejasse ser padre secular, foi mandado para o Seminário Maior em Roma. Lá, em contato com o Padre Riou e demais jesuítas, resolveu entrar para a Companhia de Jesus. Voltou, então, para o Brasil e foi fazer o noviciado em Friburgo"[13].

2.3 Filho de Inácio de Loyola

O desejo de servir mais e melhor a Deus só aumentava com os estudos e Pe. Burnier sentiu que a Companhia de Jesus o ajudaria a avançar na perfeição de imitar a Cristo, por isso a escolhe para, sendo filho de Inácio, ser melhor filho de Deus.

Na Companhia iniciou seu serviço por cargos de confiança e de muita responsabilidade, pois possuía muitos conhecimentos em diversas áreas, herdados da família e angariados por toda sua dedicação aos estudos. Palpitava, porém, no peito o desejo

---

13 *Ibid.*

de servir também em missão. E nesse ínterim, não se despia de obrigações humildes que as surpresas do cotidiano o aguardavam, como quando se colocou para cuidar com muito zelo e por algum tempo de um jesuíta idoso, irmão Nicolau Ritter, como dizia ele em suas anotações: "afinal vale ou não vale a palavra tão bela de Cristo naquela página magistral de São Mateus, o coletor de impostos: estive doente e velho, e não só me visitaste, mas cuidaste de mim com todo carinho?"[14].

Ou quando, para servir aos indígenas em suas necessidades mais básicas, como transportar seus alimentos, se colocava à disposição para o necessário, como conta o Irmão Francisco Montes: "qual não foi minha surpresa quando vi o Pe. Burnier com o saco de arroz às costas, com as calças arregaçadas, pois tínhamos de atravessar dois córregos"[15]. Também se via sua disposição para estar em saída e ir ao encontro, como quando visitava longínquas comunidades a pé e, registrando em suas anotações, contava: "ficaram surpreendidos de saber que o padre tinha descido o paredão para ir vê-los"[16].

---

14 Livro "Pe. João Bosco P. Burnier, SJ: Mártir pela Justiça", de autoria de Pedro Américo Maia, SJ.
15 "O Sangue pela Justiça: Pe. João Bosco Penido Burnier", de autoria de Pe. José Coelho de Souza, SJ.
16 Ibid.

Notas

"Desde a fundação da Companhia, exercitamos nosso apostolado especialmente onde as necessidades são maiores, onde não há outros que as aliviem e onde se pode alcançar um bem mais universal. Jerônimo Nadal expressou acertadamente esse aspecto central de nosso carisma: 'A Companhia se dedica às pessoas a quem ninguém se dedica, ou que são atendidas com negligência. Essa é a razão fundamental da fundação da Companhia, essa sua força, essa sua dignidade na Igreja'". (CG 34, D6, 11)

Muitos foram os passos dados na sua missão. A seguir, um breve resumo[17]:

Em 7 de abril de 1928, recebeu a batina das mãos de Dom Sebastião Leme, no Seminário Menor.

Em 1933, foi enviado pelo cardeal Dom Sebastião Leme ao futuro Pontifício Colégio Brasileiro de Roma com vários estudantes da arquidiocese do Rio de Janeiro.

Em 1935, João Bosco cursou na Universidade Gregoriana o segundo e terceiro anos de filosofia, cuja licenciatura obteve em julho de 1935, e o primeiro de teologia, interrompendo os estudos para ingressar no noviciado da Companhia de Jesus.

Em agosto de 1936, estava de volta ao Brasil. Depois de visitar a mãe e a família, ingressou no noviciado da Província do Brasil Central[18].

Em 21 de outubro de 1936, foi acolhido na ordem, em Nova Friburgo, pelo então provincial Pa-

---

17 Inspirado no livro "O Sangue pela Justiça: Pe. João Bosco Penido Burnier", de autoria de Pe. José Coelho de Souza, SJ.
18 Até 2014, a Companhia de Jesus no Brasil era organizada em três Províncias (Meridional, Centro-Leste e Nordeste) e uma região missionária (Amazônia). A partir de então, houve a unificação na atual Província dos Jesuítas do Brasil – BRA.

dre Marcelo Renaud. Neste dia teve seu nome escrito no livro da vida, isto é, no registro do noviciado.

Em 22 de outubro de 1938, festa de *Mater Pietatis*, fez os primeiros votos, recebeu-os o Padre Luiz Gonzaga da Fonseca, da Província de Portugal, então visitador das províncias do Brasil.

Em 1946, recebeu as ordens maiores em Roma, na Igreja de Santo Inácio, das mãos do Monsenhor Luigi Traglia: a 23 de julho, o Subdiaconato; a 25, o Diaconato; e, finalmente, a 27, o Presbiterato ou o Sacerdócio.

Em outubro de 1948, Padre João Bosco Penido Burnier termina a Terceira Provação em Gandía e é chamado pelo Superior Geral a Roma, a fim de exercer a função de Substituto do Secretário para América Latina.

Em 2 de fevereiro de 1951, o Padre Burnier, na Igreja de Gesú, pronunciou, juntamente com outros jesuítas residentes em Roma, os votos solenes de Professo nas mãos do Padre Janssens. Foi um dia de festa e regozijo, de santo fervor e devoção. A doação completa a Deus estava selada definitivamente.

Em 12 janeiro de 1954, assumiu a Vice-Província Goiano-Mineira. Foi uma fase árdua e penosa da vida do Pe. Bosco. Relativamente jovem e assaz inexperiente das lides de governo, é-lhe entregue uma Vice-Província ainda no embrião, sem recursos suficientes de pessoal e meios financeiros. A tudo isso veio juntar-se a própria condição do colégio onde residia, instituição educacional que apenas desabrochava, em perspectiva de uma futura construção.

Em 12 fevereiro de 1958, o Padre Burnier era aliviado do pesado fardo de Vice-Provincial, mas para assumir outro cargo de governo: Superior da

Igreja de Gesú. Primeira igreja jesuíta construída em Roma.

residência de Anchieta, no Espírito Santo. O Pe. Burnier seria o Superior Religioso dos padres e irmãos que labutavam neste vasto campo de apostolado, além de diretor do pequeno Seminário.

Em fins de 1959, é Mestre de Noviços em Itaici. Iria ser também diretor espiritual dos Juniores, os quais lhe caberia orientar logo depois do Noviciado. O Pe. Burnier permaneceu nesses cargos durante seis anos, até o fim de 1965. O novo Mestre de Noviços teve que enfrentar uma fase difícil na vida da Igreja e da Companhia de Jesus: o período de transição antes e depois do Concílio Vaticano II. O difícil foi saber manter, no momento, o meio termo e o justo equilíbrio entre uma posição e outra, entre o que era intocável e irredutível, por se tratar de uma questão de princípio, e o que era reformável e adaptável para se conformar às tendências das gerações mais avançadas.

Foi assim que, naqueles anos de 1963 e 1965, o Pe. Burnier experimentou o que poderíamos chamar a noite de sua vocação e de seu amor à Companhia: o intervalo entre a primeira e a segunda seção da Congregação Geral XXXI, que exigia, pelo caminhar paralelo do Concílio Vaticano II, discussão e o parecer dos superiores locais. Mas, providencialmente, como acontece a quem ama o Senhor, na noite dessa crise, a integridade de sua entrega total a Cristo reagiu, fazendo-lhe amadurecer o antigo projeto da doação missionária.

Em 10 de agosto de 1965, escreve uma carta a seu Superior, como culminância de suas orações, em especial no retiro de 1963. Pedindo para que sua missão se realizasse, escreve: "esse pedido do Mato Grosso não é fuga, mas convicção muito profunda de que a Companhia tem de se tornar cada vez mais missionária".

O pedido do Padre Burnier é aceito e ele é destinado à missão de Diamantino - MT. Lá passou a ser subordinado ao Provincial de Porto Alegre, por isso o vemos em fins de 1965 e começo de 1966 em São Leopoldo - RS, como diretor espiritual da comunidade. Já em março de 1966, o encontramos no Seminário Menor de Diamantino, como Diretor Espiritual dos alunos, professor de latim, ciências naturais e encarregado da parte musical.

Em 1968, vemo-lo integrado nas lides missionárias no território da Missão.

Em 1970, em carta à irmã Maria, conta que recebeu seu nome indígena do povo Bakairi: Sapinágue (nome próprio indígena).

Imagem: arquivo da Companhia de Jesus - Porto Alegre.

```
                        14/05/70
              RELATÓRIO DA PRIMEIRA VISITA À ALDEIA SANTANA
                      DOS ÍNDIOS  B A K A I R I.
                           Abril/Maio de 1970.
         1. Situação.        2. Atuação.      3. Resultado.

         1. Situação. Recebido do Diretor da Missão Indígena da Pre-
         lazia de Diamantino,-prévia aprovação de Dom Alonso,Bispo Prela-
         do,- o encargo de dar assistência religiosa permanente aos indios
         Bakairi do Pôsto Simões Lopes e da Aldeia Santana, iniciei o tra-
         balho por esta última, depois de me assegurar que nem a Diretoria
         da FUNAI nem a 5ª Delegacia Regional (com sede em Cuiabá) se opo-
         riam à ação religiosa do Missionário Católico. A chegada à aldeia
         foi ao meio-dia do dia 30 de abril; a saída, às 9 da manhã do dia
         8 de maio. FINALIDADE desta primeira visita, era a de INICIO DE
         CONTATO - para conhecimento da realidade da aldeia (pessoas e da-
         dos) e para o indispensável relacionamento de amizade com a po-
         pulação da mesma.
```

Em fevereiro de 1976, foi escolhido para coordenar o Conselho Indigenista Missionário (CIMI) no norte do Mato Grosso.

Conselho Indigenista Missionário.

Em 11 de outubro de 1976, por volta de 18h, Pe. João Bosco é baleado por um policial em Ribeirão Bonito, ao defender duas mulheres que estavam sendo torturadas na delegacia.

Em 12 de outubro de 1976, por volta de 5h da manhã, dia de Nossa Senhora Aparecida, falece Pe. Burnier a caminho do Instituto Neurológico da Avenida T., em Goiânia.

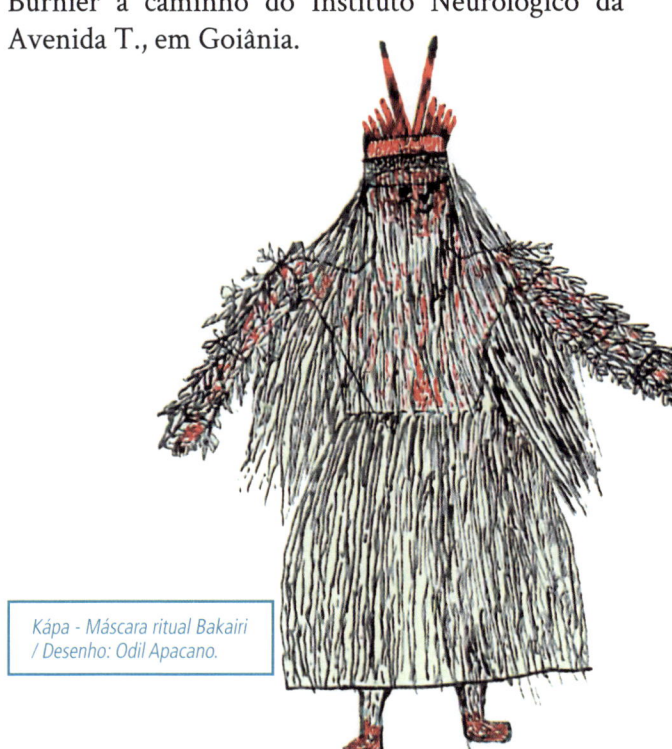

Kápa - Máscara ritual Bakairi / Desenho: Odil Apacano.

Momento de Oração

Contemplativos na ação: Barro nas mãos do oleiro.

"Alguns membros, em especial da família, diziam: o Padre João Bosco foi ao Mato Grosso para civilizar os índios[19], mas agora vemos que foram os índios que o civilizaram"[20]. Inspirados na trajetória e em todo o processo de vida de Padre Burnier, somos convidados também a olhar a nossa história.

Pedido de Graça: *Senhor, dai-me humildade para que eu possa me deixar mol-*

---

19 Atualmente, a expressão "índio" tem sido rejeitada pelas comunidades indígenas por assumir um caráter pejorativo. Tem-se preferido utilizar a expressão "indígena". Mantivemos, porém, a citação fiel à fonte original e à expressão que foi utilizada na época em que foi dita.

20 Livro "Pe. João Bosco P. Burnier, SJ: Mártir pela Justiça", de autoria de Pedro Américo Maia, SJ.

dar de acordo com teus desígnios.

Texto Bíblico: *Jeremias 18, 1-6.*

Provocações:

- *O que eu tenho em mim deformado e que precisa ser refeito?*
- *Tenho eu a entrega suficiente para me deixar ser barro na mão do Oleiro?*
- *Que objeto(s) novo(s) eu precisava ser para ser mais útil ao Oleiro?*

3. Espírito Santo

3.1 O humano que se move a partir do sopro do divino

Desde criança, Pe. João Bosco buscou o encontro verdadeiro com o Cristo. Nos primeiros momentos, era a ida à Igreja com seu pai, depois, o desejo de entrar no seminário e, com o amadurecimento da fé, percebeu que era na oração pessoal que aconteciam os encontros mais profundos com Deus. Em suas cartas e anotações, é sempre recorrente a informação de que algum desejo, inquietação, mudança, dúvida, pedido eram colocados em oração para melhor discernir a vontade de Deus. Servo confiante, sempre colocou suas angústias e alegrias nas mãos do Senhor e pediu iluminação para suas ações, na certeza de que seria atendido se fosse para o Bem Mais Universal. Praticante assíduo dos Exercícios Espirituais de Santo Inácio de Loyola, sempre se voltou aos três graus de humildade[21], em especial ao terceiro,

---

21   Os números 165, 166 e 167 dos *Exercícios Espirituais de Santo Inácio de Loyola* referem-se aos chamados *Três Graus de Humildade* ou *Três Modos de Amar*, em que a pessoa é levada a refletir como está sua maneira de amar, sua identificação com Jesus Cristo e, ao mesmo tempo, até que ponto ela é capaz de se despojar para segui-Lo. No primeiro modo, a pessoa busca evitar qualquer falta grave, qualquer coisa que a distancie de Deus e dos outros, porém a sua centralidade ainda é o "eu". Já no segundo

aquele que mais profundamente nos chama a imitar a Cristo, em suas alegrias, mas também em suas dores. E, assim, mais entrega sua humanidade para que se mova ao sopro do divino.

Em um de seus relatos, ele conta: "Fico observando, como de arquibancada, o movimento das circunstâncias, a direção do sopro de Deus, sem que eu tenha dado um passo sequer... Acreditei sempre na realidade: que Deus nos guia por meio dos Superiores, e sinto íntima satisfação quando eu vislumbro que eles mesmos, sem perceberem, se dobram debaixo de uma pressão que vem do Alto. Tudo isto vou lendo no desenrolar-se da minha destinação

---

modo, a pessoa segue também buscando evitar qualquer falta grave, qualquer coisa que a distancie de Deus e dos outros, porém a sua abertura, a sua entrega ao Senhor é maior. Por acreditar que Deus não deseja nada de mal para as nossas vidas, ela passa a aceitar bem tudo o que acontece. Seu amor se assemelha ao amor de Jesus Cristo, ao modo de Jesus amar, porém, no seu centro ainda existe um pouco do seu eu. Deus já habita o seu centro, porém há ainda algumas intenções próprias e particulares da pessoa. No terceiro modo de amar, é o amor total. É quando a pessoa se identifica com o modo de amar de Jesus Cristo. Deus está na centralidade do seu ser. Se no segundo modo, ela aceita bem as coisas, no terceiro modo, ela escolhe, prefere seguir o Cristo pobre, humilde, humilhado, porque no terceiro modo, a pessoa se afeiçoa ao modo de ser de Jesus Cristo.

Fonte: 2ª Semana dos Exercícios Espirituais (Meditação das Duas Bandeiras e Três Graus de Humildade). Disponível em: https://fb.watch/84AZTrpY8k/.

ao Mato Grosso, embora, ao ser-me determinada a residência de Cuiabá, me ache somente na fronteira da missão. O sopro opera *absque manu hominis* (sem intervenção humana) como a pedra que rola do alto para bater a estátua (Dn 2, 3-4). Por que então não deixo de ver que o plano divino continua a realizar-se desse modo *absque manu hominis?* E como a divina Providência pede cooperação de suas criaturas, vejo que Deus já fez a sua parte; pede agora que eu faça a minha"[22].

E como fruto do discernimento, vai recebendo confirmação na missão. Escreve ele a seu superior: "Renovo à Vossa Reverendíssima, o meu agradecimento por me ter enviado à missão de Diamantino, pois cada vez mais me confirmo na persuasão de que estou respondendo a um verdadeiro apelo de Deus – e a história da salvação não vem a ser outra coisa mais do que a resposta de cada batizado e, mais ainda, de cada sacerdote e religioso – ao apelo particular que Deus lhe faz. Assina-se súdito distante e feliz" (de Cuiabá, 22 de março de 1966)[23].

---

22 Livro "Pe. João Bosco P. Burnier, SJ: Mártir pela Justiça", de autoria de Pedro Américo Maia, SJ.
23 Ibid.

Toda essa prática de oração e de fé inabalável não o deixava, porém, acomodado. Pe. Burnier sempre colocou os meios necessários para a Graça acontecer. Por isso mesmo, certo do apelo de Deus para sua missão, sempre buscou se formar e trocar experiências para estar mais preparado ao chamado. Dedicou-se a cursos de antropologia, linguística, teologia atualizada, etnologia; participou de encontros missionários e tudo o mais que fosse possível para melhor servir. Em carta à irmã Maria em 30 de outubro 1970, relata: "estou dando duro para aprender a língua dos índios (Bakairi) (...) mas o dom das línguas é um dom que o Espírito Santo costuma conceder aos missionários que se esforçam e que rezam pedindo-o. Estou fazendo as duas coisas e espero o dom das línguas"[24].

Imagem: arquivo da Companhia de Jesus - Porto Alegre.

---

24 Livro "O Sangue pela Justiça: Pe. João Bosco Penido Burnier", de autoria de Pe. José Coelho de Souza, SJ.

Estrada Transpantaneira entre os estados do Mato Grosso e Mato Grosso do Sul.

3.2 Uma vida de oração

Dessa forma, sempre colocou em suas orações as decisões de sua vida para que nunca se desviasse dos desejos de Deus para ela. Foi assim, por exemplo, quando decidiu entrar na Companhia de Jesus, como mostra o seguinte relato: "depois do retiro feito no seminário brasileiro de Roma em 1935, essa decisão amadureceu e se tornou um propósito firme inabalável... o que mais o atraía na Companhia de Jesus, confessava ele, era o espírito de obediência sobrenatural que Santo Inácio queria de seus filhos. Não só o voto de submissão aos superiores e o voto especial de obediência ao Papa, mas a certeza de que o religioso obediente cumpre a vontade de Deus em cada momento de sua vida e se deixa guiar pelos desígnios divinos em todos os atos de cada dia"[25].

Assim também pediu iluminação para o discernimento sobre o pedido para a missão no Mato Grosso: "Ó Senhor, iluminai-me nestes Santos Exercícios para ver se quereis de mim o sacrifício de pedir o Mato Grosso. Poderei fazer algo por Vós na missão japonesa? Não é tudo mera simpatia ou egocentrismo? No

---

25   *Ibid.*

Mato Grosso a coisa não será mais dura e mais realmente sacrificada? Iluminai os meus olhos, Senhor, para que eu veja o que demandais de mim. Fazei de mim conforme quiserdes: eu estou em vossas mãos! Este pensamento da missão do Mato Grosso me veio fortemente ontem ao entrar na capela para visita da noite: logo no primeiro banco diante da porta estava o Padre Salarini (missionário do MT), que eu admiro como religioso abnegado e fervoroso, com atitudes de oração recolhida e vigorosa, em contato vital com Jesus Cristo ali presente no Sacrário"[26].

Reza também suas angústias e, assim, só confirma seu desejo de entrega total (com suas possibilidades divinas e limites humanos) ao seu sim à vocação. Diz ele: "no mês completo de Exercícios Espirituais, já sacerdote: pedi a morte na Companhia. Indiferença para qualquer gênero de morte: plácida, violenta, calma, angustiosa... Como Deus for servido e mais glorificado... Ó Jesus, antes que comece a resvalar, antes que vos ofenda, mandai-me qualquer gênero de morte, o mais cruel, o mais torturante, com horas e horas de agonia e de sofrimentos atrozes, mas

---

26 Livro *"Pe. João Bosco P. Burnier, SJ: Mártir pela Justiça"*, de autoria de Pedro Américo Maia, SJ.

dai-me graça de não Vos ofender, porque Vós sois infinitamente bom e amável"[27].

3.3 O testemunho que transcende a vida, porque se encarna na Vida

Diante de uma vida tão intensa, derramada no amor e dedicação ao Reino, desde os serviços mais nobres, de maior destaque, aos de mais simples colaboração ou mais humildes, Padre João Bosco Penido Burnier cravou seu testemunho de fiel discípulo de Cristo. Todo esse percurso é relatado por seus companheiros, amigos e familiares.

Durante a missa na catedral de Goiânia, um deles falou: "desde 1941 sou amigo e fui aluno do Padre João Bosco. A entrega da vida não se improvisa. Começou desde cedo no sacrifício e trabalho escondido. Sua vida o preparou para este momento. Cada vez mais lucidamente abraça sua missão ao lado dos que sofrem. Foi com o sorriso que entregou sua vida aos irmãos. Foi também um gesto de perdão. Somos responsáveis pelo amor fraterno, apenas completo no perdão..."[28].

---

27 Ibid.
28 Livro "O Sangue pela Justiça: Pe. João Bosco Penido Burnier", de autoria de Pe. José Coelho de Souza, SJ.

Outro falava: "Dom Henrique[29] dizia: precisamos rezar mais, rezar com a vida"[30]. Assim agiu Pe. Burnier, fazendo da sua vida uma oração. Rezemos, então, com essa oração vivida pelo mártir Burnier e trazida nos relatos de Dom Pedro Casaldáliga, testemunha ocular do último amém de Pe. Burnier:

No Boletim do CIMI de novembro de 1976, nos diz: "Como coordenador do regional do CIMI no nordeste do Mato Grosso, Pe. João Bosco veio à nossa prelazia de São Félix para nos acompanhar no encontro de indigenistas anual da Prelazia. Foi nos dias 4, 5 e 6 de outubro em Santa Terezinha - Mato Grosso. O Padre João Bosco participou à vontade, expansivo e feliz. Contribuiu com oportunas colocações. (...) Era o dia 7 de outubro. Aquela noite de luar - desse luar único que temos lá no sertão -, houve um bate-papo magnífico com os homens Tapirapés. (...) O Padre João Bosco vibrou com essa longa, sossegada e profunda palestra: a alma da aldeia aflorando, e o Batismo, outra vez, e o que seria cristão sem deixar de ser índio, e a

---

29 *Dom Henrique foi um dos bispos que esteve na missa de corpo presente de Burnier. Nesta ocasião foi que pronunciou que devemos rezar mais, rezar com a vida.*
30 *Livro "O Sangue pela Justiça: Pe. João Bosco Penido Burnier", de autoria de Pe. José Coelho de Souza, SJ.*

cultura dos índios e seus direitos... 'Foi uma conversa maravilhosa, Pedro', repetia o Padre João Bosco... Celebramos na casa humilde, igual, das Irmãzinhas, uma missa comovedora: Bendigo-vos, Pai, porque escondestes estas coisas aos sábios prudentes e manifestastes aos pequeninos... No chão, sobre esteiras, antes do almoço, uma eucaristia de testemunho indígena total"[31].

---

31   Livro "Pe. João Bosco P. Burnier, SJ: Mártir pela Justiça", de autoria de Pedro Américo Maia, SJ.

Missão das Irmãzinhas nas Américas, junto aos Tapirapé. As irmãs conviveram com os indígenas durante 65 anos e ajudaram a reverter a redução populacional que afetava esse povo. Foto: CIMI.

Notas

Padre Burnier tinha uma visão muito consciente e serena do que a morte significa para um missionário. Por ocasião do falecimento de Padre Rodolfo, ele exclama no encontro do CIMI, em julho de 1976: "Quem de nós será o primeiro agora?" Também diante da morte do Frei Martinho – seu irmão frade, em carta aos seus irmãos, outra vez Burnier expressa tamanha compreensão libertadora:

"Chegará também a nossa vez, e, se é verdade que é duro morrer, e a morte sempre nos causa apreensão, e pode ser que até medo, por outro lado a morte ou, como diria São Francisco de Assis, a irmã morte, para todos os que temos fé e amamos sinceramente a Jesus Cristo, é a porta da vida eterna. Esse é seu lado luminoso e jubiloso da morte"[32]. Nosso querido Padre João Bosco nos ajuda a experimentar a maior verdade cristã:

---

[32] Livro "Pe. João Bosco P. Burnier, SJ: Mártir pela Justiça", de autoria de Pedro Américo Maia, SJ.

O verdadeiro seguidor do Cristo amigo dá passos com Ele mesmo que os caminhos sejam difíceis de calvário e também sabendo que a cruz o espera, pois tem a certeza do encontro com a Ressurreição.

Depois dessas breves reflexões de Padre Burnier, seguimos ouvindo o relato de Dom Pedro:

"No dia 11, às 6 horas da manhã pegamos o expresso Xavante da linha São Félix - Barra do Garças, e à uma hora da tarde chegamos a Ribeirão Bonito, um lugarejo ainda na Prelazia, de 1 mil e tantos habitantes. O povoado celebrava as festas de Nossa Senhora Aparecida, padroeira do lugar. Eu ia a Ribeirão Bonito para acompanhar o povo nessas datas. E este ano pensava-se decidir como construir a igreja, pois a cidadezinha tem apenas um recanto semiaberto de barro e palha para suas celebrações. O Padre João Bosco decidiu pernoitar lá: conheceria o pessoal da equipe que ali trabalha e conheceria o povo. No dia seguinte, prosseguiria viagem para Barra do Garças, Cuiabá, Diamantino... e a longínqua aldeia dos seus índios Bakairi. Só que os planos de Deus eram outros. Quando chegamos a Ribeirão, logo nos sentimos atingidos por um certo clima de terror que pairava sobre o lugar e as redondezas. A morte do cabo Félix, da Polícia Militar, infelizmente muito conhecido, fazia cinco anos, na região, pelas suas arbitrariedades e até crimes, e morto numa última provocativa arbitrariedade, trouxe ao lugar um grande contingente de policiais, e com eles, a repressão arbitrária, e até a tortura. Mesmo assim, o povo celebrava a festa da padroeira. Naquela tarde, o Pe. João Bosco acompanhou o povo, rezando e cantando, na procissão ao riacho local (daí o nome de Ribeirão Bonito), onde se abençoou a água do Batismo que ia ser administrada no dia seguinte. E nessa procissão foram filmadas as últimas cenas da vida do Padre João Bosco, providencialmente.

Duas mulheres, sobretudo, dona Margarida e dona Santana, estavam sofrendo na delegacia, impotentes e sob torturas - um dia sem comer e beber, de joelhos e braços abertos, agulhas na garganta, sob as unhas - essa repressão desumana. Dona Margarida Barbosa, irmã do Sr. Jovino (que matara o cabo Félix por ter aprisionado os filhos dele), fora presa nos dias 5 e 11 de outubro. Espancaram-na. Fizeram interrogatório sob a mira do fuzil e com dois revólveres aos ouvidos. Dona Santana, esposa do Paulo, filho do Sr. Jovino, em resguardo de duas semanas, foi presa também nos dias 5 e 11 e violentada por vários soldados, que também queimaram a roça e a casa do marido com todo o arroz na tulha.

Eram mais de 6 horas da tarde e os gritos delas se ouviam da rua: 'Não me bata'. Resolvi ir à delegacia e interceder por elas. Um rapaz da missão quis me acompanhar. Temi por ele, e não lho permiti. O Pe. João Bosco, que estava lendo e rezando, como leu e rezou muito nesses dias em que conviveu conosco na Prelazia, fez questão de me acompanhar. A escuridão que chegava, a areia da rua, o terror perceptível no ar, no silêncio, nos acompanharam. Quando chegávamos ao terreno da pequena delegacia local, cercado por arame, o

Dom Pedro Casaldáliga.

cabo Juraci saía. (...) A camioneta parou ao lado da delegacia. E os quatro policiais nos esperavam, enfileirados, em atitude agressiva. Entramos pela cerca de arame, que ia ser também cerca de morte.

Eu me apresentei como bispo de São Félix, dando a mão aos soldados. O Padre João Bosco também se apresentou. E tiveram aquele diálogo, de talvez 3 ou 5 minutos. Sereno, de nossa parte; com insultos e ameaças, até de morte, por parte deles. Quando o Pe. João Bosco disse aos policiais que denunciaria aos superiores dos mesmos as arbitrariedades que vinham praticando, o soldado Ezy Ramalho Feitosa pulou até ele – 3 metros apenas -, dando-lhe uma bofetada fortíssima no rosto. Inutilmente tentei cortar aí o impossível diálogo: 'João Bosco, vamos'... O soldado, seguidamente, descarregou também no rosto do padre um golpe de revólver e, num segundo gesto fulminante, o tiro fatal, no crânio.

Sem um ai, o mártir – o mártir, sim! – caiu esticado, pensei que morto. O ar congelou-se e a noite. Inclinei-me sobre o ferido, chamei-o, respondeu. O cabo Juraci comentou, talvez aliviado, talvez irresponsável: 'Foi um tiro para assustá-lo...' E ainda tentou explicar-me o fato, com triste superioridade de suboficial: 'Soldado...'

Pedi o carro da polícia para que me ajudassem a carregar nele o ferido. Dois policiais efetivamente me ajudaram. (...) levamos o padre ao ambulatório que a Prelazia tem no lugar, a 300 metros apenas da delegacia.

O Dr. Luís e a irmã Beatriz, enfermeira, ambos da nossa equipe, tentaram fazer o impossível. E todos nós, ali presentes, e o povo, e os homens, sobretudo, acompanhamos ansiosos, solidários. O povo comentava com palavras gravíssimas: 'Fosse um de nós, a gente está acostumado, é todo dia... Mas um padre... Esta polícia está se afundando muito!...'

Aquela noite suspendemos o ato da Novena, com missa à Padroeira, para maior segurança de todos em primeiro lugar. Pediu-se ao povo, entretanto, que voltasse para suas casas, a rezar, a esperar. Na primeira limpeza de sangue coagulado, no parietal direito, apareceram fiapos da massa cefálica. 'Prognóstico reservado, Pedro', disse-me angustiado o doutor Luís.

Que fazer?... Sair de carro para o lugar de recursos, no caso, significava viajar umas 15 horas até Goiânia. A polícia, por outro lado, segundo comentário do povo, nos estaria esperando de tocaia na estrada de Barra do Garças, que é também caminho para Goiânia.

Entretanto, Padre João Bosco vivia, consciente e generoso, sua agonia de mártir, forte, sofrido, em oblação. Invocou várias vezes o nome de Jesus. Ofereceu amiúde seus sofrimentos pelos indígenas, pelo povo. Pelo povo de nossa Prelazia, pelo povo de sua Prelazia de Diamantino. Lembrou-se do CIMI, de Dom Tomás Balduíno, seu presidente. Lamentou com saudade comovedora: 'Sinto não ter tomado nota do que os índios tapirapé falaram...' Recebeu a unção de minhas mãos, lúcido e fervoroso. Em latim, porque ele rezava em latim o seu Breviário, até o último dia. Recordei-lhe, uma e outra vez, que o

Camisa usada por João Burnier no momento em que foi baleado. Foto: Simeon Ries.

dia seguinte era a festa de Nossa Senhora Aparecida, e ele assentia e oferecia de novo a sua dor.

Nunca quis cuspir no chão ou na parede, nem a pedido do médico, sempre comedido em seus gestos. Sua última palavra inteligível foi a palavra de Paulo: 'Acabei minha carreira'; ou a palavra do próprio Jesus: 'tudo está cumprido.' Tentou em vão levantar-se e disse solene: 'Dom Pedro, acabamos a nossa tarefa.'

Depois, já mais de dez horas, noite e expectativa afora, numa caminhonete escoltada por um carro amigo, o médico, a irmã e eu saímos, com o padre no soro respirando, como motor cansado, pela estrada de São Félix, pela desastrosa estrada do Xingu, à procura de um táxi aéreo da Táxi-Aéreo Goiás, que soubemos pernoitava numa fazenda. Foram 4 horas de mortal ansiedade. O Padre João Bosco foi santificado com o resto de sua vida, oferecida ao vento da noite e a Deus, àquelas estradas, àquelas fazendas, onde tantas vidas humanas anônimas sofreram e foram sacrificadas. Foi aquela uma via-sacra de Redenção pelos caminhos da Amazônia Legal, pelas terras dos índios, dos posseiros, dos peões.

Às cinco horas da madrugada, ainda a luz querendo delimitar o horizonte, voamos para Goiânia, para o Instituto Neurológico da Avenida T. O Padre João Bosco estava com cérebro já morto, em estado de vasoplegia. (...)

Era o dia 12 de outubro, festa de Nossa Senhora Aparecida... E todos sentimos logo que aquela vida imolada viraria testemunho e comoção. Era um missionário entre os índios quem morria, e morria por libertar da tortura duas pobres mulheres, mulheres do povo do interior"[33].

---

[33] Livro "O Sangue pela Justiça: Pe. João Bosco Penido Burnier", de autoria de Pe. José Coelho de Souza, SJ.

Cruz erguida no lugar do martírio de João Burnier. Imagem do livro "O sangue pela Justiça".

Notas

"Sempre se pode dar um passo a mais no deixar-nos comover pelo Senhor pregado na cruz, por Ele em pessoa e por Ele presente em tantos irmãos nossos que sofrem – a grande maioria da humanidade".

(Papa Francisco – discurso na CG 36)

Momento de Oração

Contemplativos na ação: Entrega até as últimas consequências.

"A caridade para os cristãos não deve ter limite. Morreu por mim, pela classe indígena... Lamentamos perder nossos defensores... Para a caridade e justiça não precisa ser padre. Compete a todos. Aprendamos dos pobres que querem justiça... Justiça do mundo é falsa, esperamos na justiça de Deus. Os mortos rogam por nós pobres"[34] (palavras do indígena bororó, no dia 12 de outubro, na catedral de Goiânia).

"Não foi uma morte morrida, mas vivida, consciente, generosa, uma esperança. Se soubermos acompanhar o Senhor, abrir-se-ão as portas das delegacias. Ninguém ouse ouvir os gritos e continuar seu caminho"[35] (Dom Pedro Casaldáliga).

---

34 Ibid.
35 Ibid.

E a palavra do sertanejo: "fosse um de nós a gente está acostumado, mas um padre..."[36].

"Neste mundo de dinheiro e de força será um milagre mesmo se afinal vencer a justiça e o direito. Mas sejamos otimistas, que o milagre ainda existe, e o poder de Deus não está abreviado"[37] (Pe. Burnier em carta ao Pe. José Cont, a 30 de setembro de 1976, 12 dias antes de sua morte).

Meditemos esses trechos e contemplemos nossa realidade.

Pedido de Graça: *Senhor, dai-me ousadia para ser capaz de me doar por inteiro, a fim de que os teus pequeninos não padeçam.*

Texto Bíblico: *Lucas 23, 44-46.*

Provocações: *Quando contemplo a entrega de Jesus, que apelo vem ao meu coração? E o que eu respondo?*

---

36 Ibid.
37 Ibid.

Sobre o sepultamento em Diamantino, continua Dom Pedro:

"Minha última palavra, irmãos, seja esta: Nós somos os filhos da luz, somos os filhos da Esperança. Para nós a morte já foi vencida, faz muitos séculos. Não há mais morte; há só paixão, há só passagem, há apenas Páscoa. A morte para nós é vida e é ressurreição, porque a Fé para nós tem um nome: Jesus. A Fé para nós tem um sobrenome: Ressuscitado. Jesus Ressuscitado é a nossa fé. Esta é a fé do Pe. João Bosco. Por esta fé vamos viver, por esta fé vamos lutar, por esta fé vamos morrer e por esta fé vamos ressuscitar"[38].

E assim, numa vida de Compromisso com o Evangelho, Paixão ao Reino de Paz e Justiça e Ressurreição a partir da vida do povo, Pe. João Bosco Burnier nos inspira a, também nós, celebrarmos a Eucaristia da libertação, a plantar a cruz da verdade e a derrubar as cadeias da opressão, assim como fez o povo de Ribeirão Bonito em ocasião da sua missa de sétimo dia.

Dessa maneira, Pai, Filho e Espírito Santo; Vida, Morte e Ressurreição; Chamado, Resposta e Seguimento são as trindades-unas que nos movem a mover a vida pela Vida!

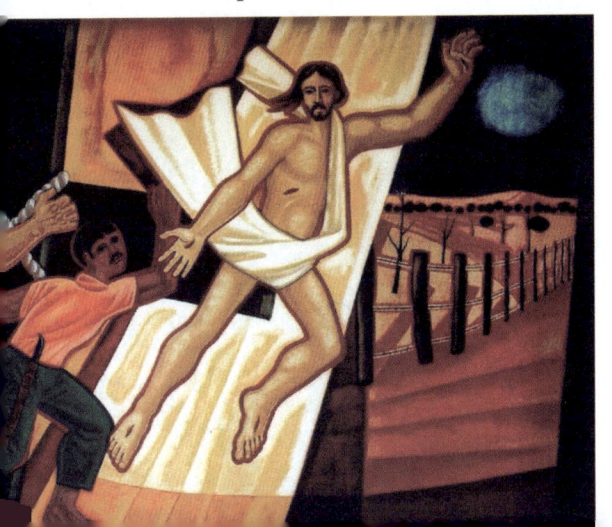

---

38 *Ibid.*

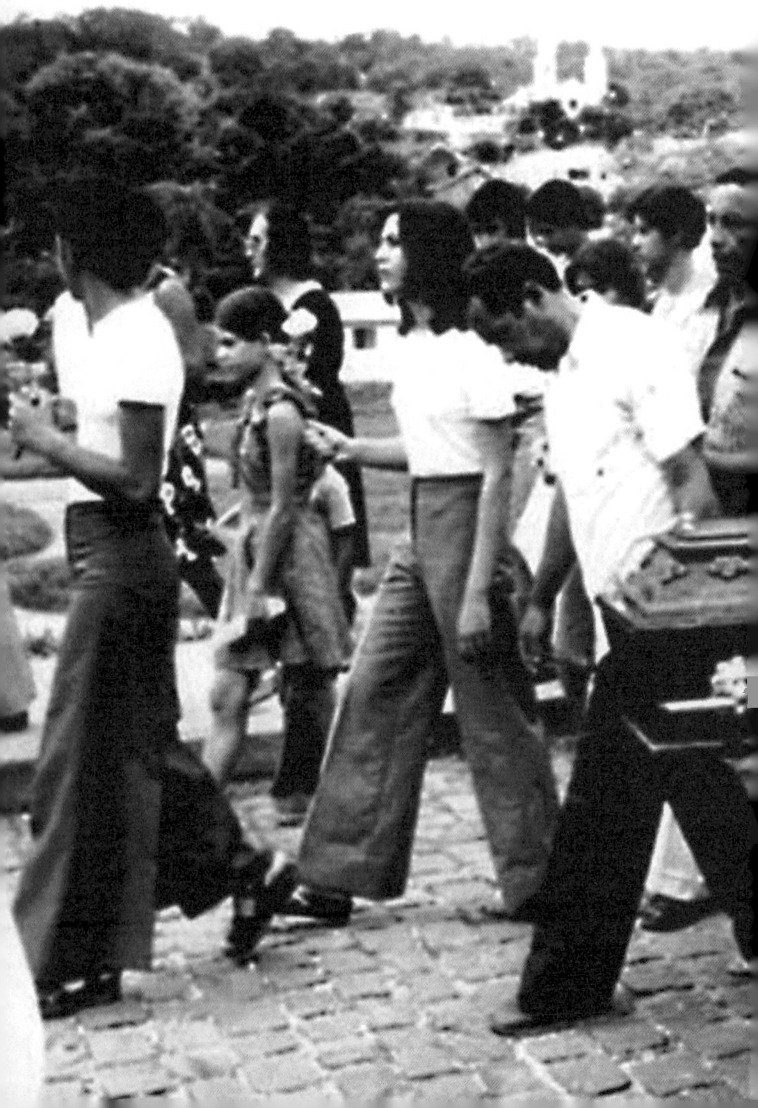

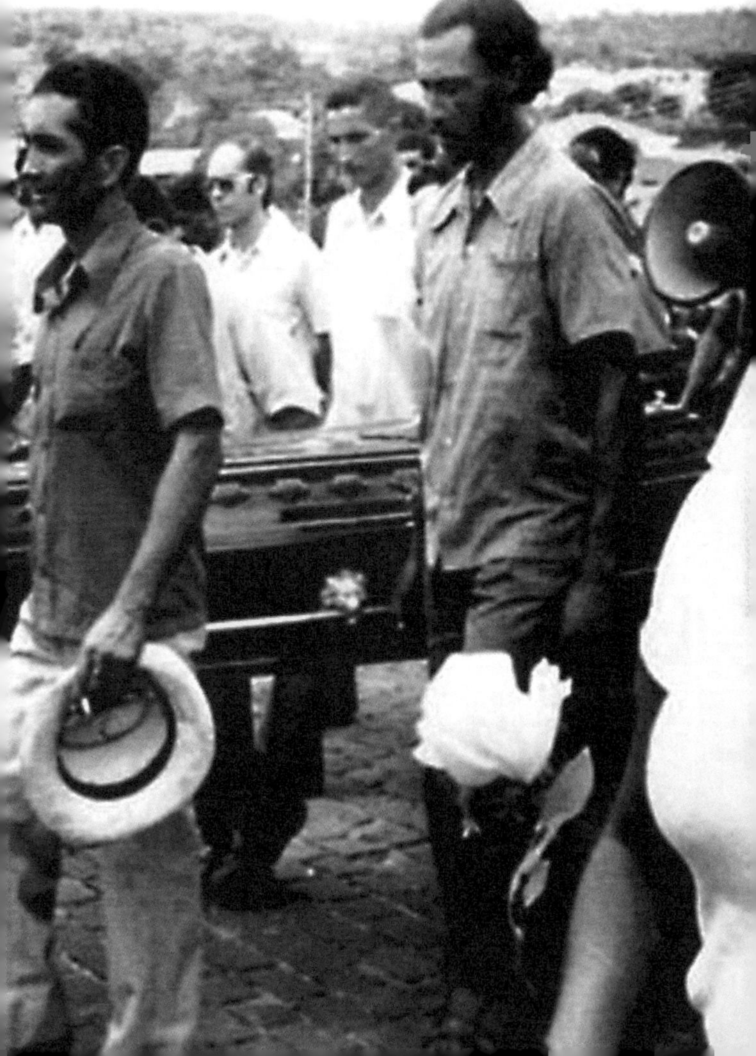

Momento de Oração

Chegando ao fim da leitura da vida de João Bosco Penido Burnier, faça um pequeno exercício de recolhimento dos frutos, atendo-se aos movimentos interiores que você sentiu mais fortemente enquanto lia esta biografia. Não se esqueça de anotar tudo em seu diário espiritual e procurar o seu acompanhante vocacional para partilhar o que experimentou.

- Quais os sentimentos e atitudes de Pe. Burnier mais me impressionam? Sinto-me identificado com eles? Quais eu desejaria ter?

- No que a minha vida e vocação se parecem com a de Pe. Burnier?

- No que a vida de Pe. Burnier me inspira em minha caminhada vocacional?

SANTUÁRIO
DOS MÁRTIRES
+ DA +
CAMINHADA

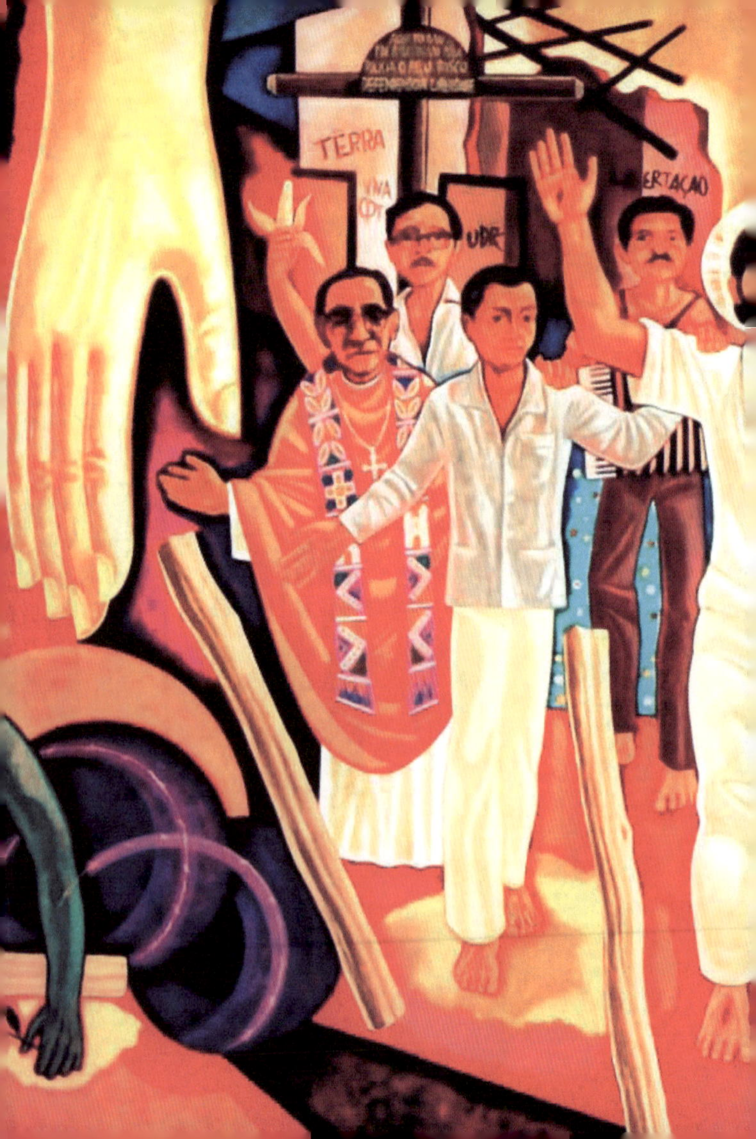
TERRA
VIVA CPT
UDR
ERTAÇAO

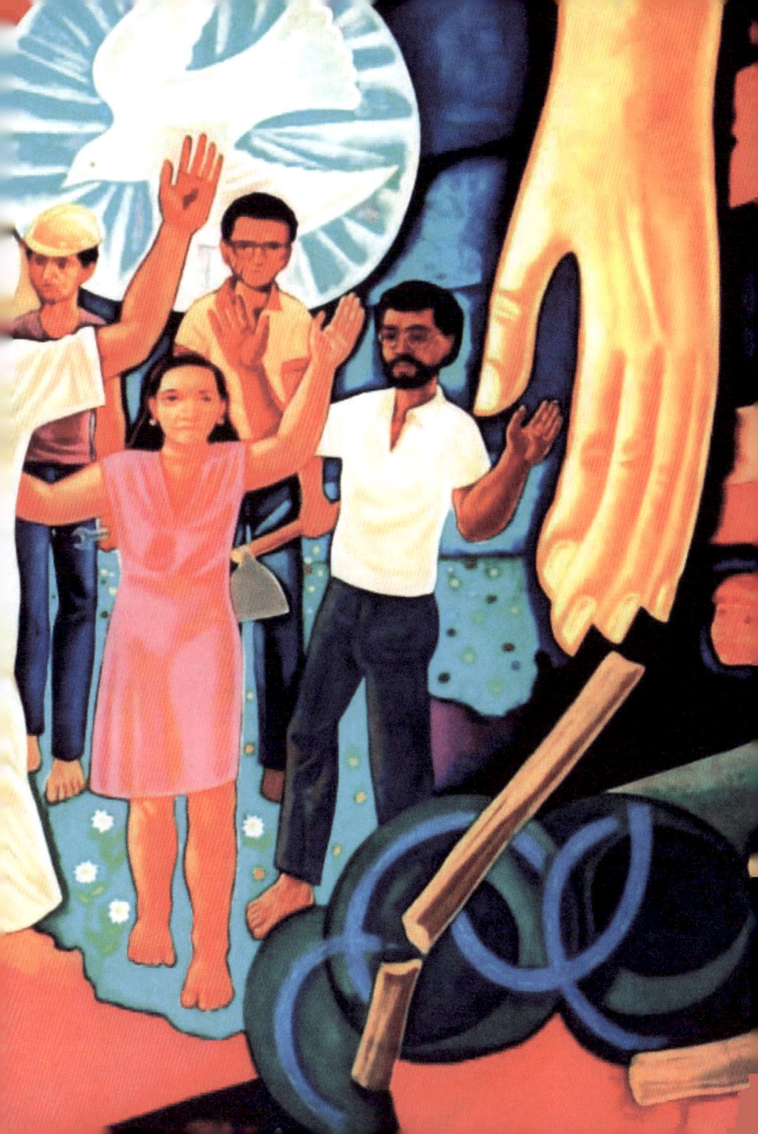

JESUÍTAS BRASIL

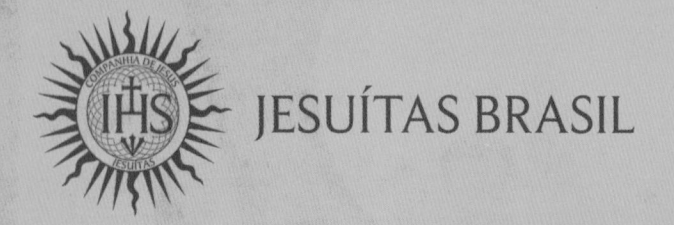

SENHOR JESUS,

NÓS TE PEDIMOS
QUE A MUITOS ESCOLHAS E CHAMES,
QUE A MUITOS CHAMES E ENVIES,
CONFORME TUA VONTADE,
PARA TRABALHAR PELA IGREJA
EM TUA COMPANHIA.

ORAÇÃO PELAS VOCAÇÕES
PE. NADAL, SJ (1556)

VOCAÇÕES JESUITAS

SER+
PARA OS DEMAIS

WWW.JESUITASBRASIL.COM

Uma das missões dos jesuítas é ajudar os jovens na construção de seus projetos de vida e no discernimento vocacional.

Se você deseja conhecer mais sobre a Companhia de Jesus, entre em contato pelo e-mail **vocacao@jesuitasbrasil.org.br** ou pela página no Facebook **facebook.com/vocacoesjesuitas**

Escaneie este QR Code para acessar informações sobre as Vocações Jesuítas

MAGIS
BRASIL

Edições Loyola

editoração impressão acabamento

rua 1822 nº 341
04216-000 são paulo sp
T 55 11 3385 8500/8501 • 2063 4275
www.loyola.com.br